AF745776

सादगी और सत्य के रंग

जीवन, प्रेम, दर्द और आध्यात्म से जुड़ी 21 कविताएँ

Harsha Pungliya

BookLeaf Publishing
India | USA | UK

Copyright © Harsha Pungliya
All Rights Reserved.

This book has been self-published with all reasonable efforts taken to make the material error-free by the author. No part of this book shall be used, reproduced in any manner whatsoever without written permission from the author, except in the case of brief quotations embodied in critical articles and reviews.
The Author of this book is solely responsible and liable for its content including but not limited to the views, representations, descriptions, statements, information, opinions, and references ["Content"]. The Content of this book shall not constitute or be construed or deemed to reflect the opinion or expression of the Publisher or Editor. Neither the Publisher nor Editor endorse or approve the Content of this book or guarantee the reliability, accuracy, or completeness of the Content published herein and do not make any representations or warranties of any kind, express or implied, including but not limited to the implied warranties of merchantability, fitness for a particular purpose.
The Publisher and Editor shall not be liable whatsoever...

Made with ❤ on the BookLeaf Publishing Platform
www.bookleafpub.in
www.bookleafpub.com

Dedication

"Dedicated to all aspiring writers,
Whose words reach the hearts of poets?
In the endless pursuit of truth, simplicity, and beauty,
May your words resonate deeply with readers,
Through the art of poetic and creative expression,
To inspire the world with a poetic soul."

- **Harsha Pungliya**

Preface

Poetry is a way to connect the hearts of the people. For me, the collection of poetry, सादगी और सत्य के रंग, reflects the many shades of simplicity and truth that I have encountered in my poetry journey. Through these poems, I have sought to capture moments of clarity, depth, and emotion with the hope of creating a space where every reader can reflect on my work.

My personal experiences accompany each verse and stanza. It includes the beauty of nature, the quiet resilience of the human spirit, or the search for inner peace and truth. I hope that, as a reader, you turn each page and find peace, inspiration, and a sense of connection with the essence of my poetic words.

Through "सादगी और सत्य के रंग," I aim to connect the hearts of people with aspects of life that we all experience but often overlook in the hustle of daily life. This collection of my poetry attempts to capture those fleeting emotions, thoughts, and experiences through words we live through but may not always have the time to understand honestly.

The foundation of my poetry lies in the simplicity of life,

the quest for truth, the depth of love, spirituality, and the fundamental goodness of humanity. In this book, I have endeavoured to express my thoughts and inner emotions, including some of my personal experiences and reflections on society and life with true spirits.

Each poem reveals a new hue of life. Some of these hues are bright—offering us encouragement and inspiration—while others may be dim and sombre—portraying the struggles and ironies of life. Yet, every poem aims to help the reader introspect and connect with the emotions that lead us to the deeper meanings in their life.

For me, poetry is not merely a play of words but an expression of thoughts that touch the deepest parts of my heart. Writing is a medium for self-reflection and exploring the depths of the mind through creativity. This collection is a result of my self-reflection of my thoughts.

"सादगी और सत्य के रंग" is an attempt to touch your soul, to question the realities of life, and to seek answers to the unanswerable. The book is for anyone who wishes to experience the authentic and straightforward essence of life and believes in the journey of love, struggle, and truth.

I hope the collection of poetry resonates with readers,
connecting writers to the same feelings I have
experienced and am sharing with you.

- Harsha Pungliya

Acknowledgements

I express my deepest gratitude to the people who have encouraged me on this creative journey—my family, friends, and the poets who came before me. And to you, dear reader, for walking the poetic path with me.

- **Harsha Pungliya**

Welcome to the world of "सादगी और सत्य के रंग"

1. सादगी एक चमक

सरलता में कुछ तो होगा?

सहज होने से ज्यादा सरल क्या होगा?
सुषमा सा लगता है व हर आंचल।

जो सादापन से उमड़ा होगा।।

ब्रह्मा रहा यह हकीकत।
छलावे से दूर ठहरा।

मोक्ष रहा न कलकश,
बैरंग हर रंग मैं रंग रहा।

उमड़ उठता है बस एक किलकारी मैं।
इतना सहज रहता है बालपन।।

बिंदी, झूमके, लाली।

बीन इनके भी है आंखों में चांदनी।
वह लोग कहा है, रवानी कहा है।

दिल में घर कर जाए, मुस्कान कहा है।।

बातों में भोलापन,
व्यवहार में अपनापन।

इतनी सहजता, इरादों में हो।
स्पष्टता नजर आए,

खिलखिला उठे हर दामन।
वह दर्पण है सादापन।।

नादानी से उमड़ा, हर वो कदम।

बालपन से जो खिला वो सादापन।
सरलता से जो जिया गया।

आंचल में छलका सादापन।।

2. अनदेखी चमक: किरदार

मिज़ाज से लाजवाब, ख्वाब से भरपूर,

अंदाज़ है बिंदास, बेमिसाल है बोल चाल।

आंखों में ज्वाला, सपने हैं अधूरे,
टिमटिमाती नज़रें, कहती अनगिनत बातें।।

हकीकत यह स्वप्न सा, देखूं जहाँ भी,

न मिलता खरीदार, इस जहाँ में कहा।

न मोल लगा, ना खरीदार मिला,
तनहा ही रह गया साहब, किरदार राह।।

आँखों में वफ़ा, चमकता सा चेहरा,

अनगिनत कहानी में, किरदार बना।

ढाला, बिखरा, स्वरा, रचा गया,
तड़पती अंगारों में, निखरा किरदार सुनहरा ।।

ओस की बूंद सा, बादल की गरज सा,

हवा की महक में, बांसुरी की धुन सा।

लोगों के बीच में, अकेलेपन में,
किरदार सुनहरा लिखा गया ।।

जिसे ना कोई खरीद पाएगा,

जिसकी ना कीमत लगेगी ।

जिसे बेचा नहीं जा सकता,
आपका और हमारा, किरदार।।

3. हरि सिमरन की ज्योत

भक्ति जब असीम होए,

इंसान भूलें हर एहसास ने।

अपनी परीतक्वा री हर गुंजाइश हूँ गुजर ने,
नाम पुकारें अपने आराध्य रो।।

वह मंजर कितनों सुनहरा होवे,

नाम बस हरि रो मुख पर होवे।
जतन करु दिन रात,

वह सुनहरा अवसर भक्ति मैं गिरोह होवे।।

सुख में हरी, दुख में हरि,

अच्छा बुरा सब जाने मारो हरी।

मैं तो पुकारू कण-कण में हरी,
सिमरन करूं मैं नाम हरी।।

कृपा री बौछार होए,

थामें हाथ हरि जीनो।
मृद्ध मन महक उठे,

नाम जपें जब हरि रो।।

पावन पावन लागे,

लागे हरि धाम।

सिमरन करें जौ हरी ने,
हुए सूखी हर काम।।

आलौकिक सा नाता जुड़ जावे,

प्रभु करें सिमरन जीनो।
मैं तो गति भूलूँ,

मैं तो मति भूलूँ, भूलूँ में जग संसार।।

होये सब जग कल्याण,

नाम जपें जो हरी बारंबार।

नृत्य नैनों में बसे,
बसे है मेरे गिरधर गोपाल।।

4. हैवानियत की बोली

दफनाया गया, कुचला गया,
सरेआम इज्जत को लूटा गया।

कभी आवाज रोकी, तो कभी जज़्बात,
हैवानियत की दुनिया में, इंसानियत की बोली लगी।।

चीख निकली, सन्नाटा रहा,
शर्मिंदा हुई हर एक कली।

मासूमियत को कुचला गया,
इस कदर इंसानियत बिकी।।

कहाँ है खुदा, पूछूं में हर दफा,
तेरी बनाई दुनिया में, अदालतों में।

मुकदमे पे मुकदमे चले,
इंसाफ की खातिर इंसानियत भी शर्मिंदा रही।।

वह बंजर जमीन से रह गए,
ना लाखों में शरम, हवस की भूख।

और कहते हैं, खुद को इंसान,
जो इंसानियत पे कलंक रह गए।।

मैं पूछना चाहूंगी न्यायाधीश से,
इस बार न्याय जनता को सौंप देने।

हैवानियत को कुचला जाए,
सरेआम बाजार में लूटा जाए।।

प्रताड़ित कर हिस्सों में तोड़ा जाए,
रूह काँपे हर पापी की।

ये खबर चारों और फैलाकर,
इंसाफ में इंसानियत लिख देना।।

5. खामोशी की आवाज़

दफन रहता है,

अल्फाजों का सैलाब।
बोल उठती है खामोशी,

जो नज़र में नहीं आती हे।।

कहना चाहूं कह न पाऊं,
बिन कहें भी कह जाऊं।

एहसास को समझूँ,
बिन शब्दों के भी कह जाऊं।।

ज्वाला सा जलता है,

मन में बवंडर।
एहसासों को चीरता है,

खामोशी का समुन्दर।।

समाहित करता है हर शब्द,
एहसासों को पीड़ाओं को।

सन्नाटे को चीरता हुआ,
खामोश रहता है हर लव्स।।

कहानी बुनते हुए, रचते हुए,

अनकही बातों में मदहोश।
जैसे कहना चाहे बहुत कुछ?

खामोशी के लफ्जों में।।

कुछ तो छुपा है,
जो शब्दों से परे है।

समझ आ जाएं यदि खामोशी,
तो ये खुदा का अल्फाज़ है।।

हुनर बाजी का इनाम,

शब्दों पर विजय।
समझ आ जाए तो,

बिन शब्द भी है जान।।

इशारों की बातें समझ लें,
वो लोग खामोशी को जी लिया करते हैं।

मुस्कान भरी आंखें,
खामोशी को चीर लेती है।।

6. खुद से दूर, खुद की खोज

आंखों में भाना है, कैसा है ये ज़माना है?

हकीकत से दूर, सब को यहाँ कमाना है।।

खुद से दूर यहाँ इंसान हुआ।
खुद को बड़ा कहने वाला, इंसान हुआ।।

और पढ़ लिखकर भी ज्ञान से वंचित।

ऐसा कैसा नाम हुआ, ऐसा कैसा काम हुआ?

नज़र में आता है, भाता है।
इसलिए इंसान दिखावा कर जाता है।।

रू ब रू नहीं अभी वास्तविक से।

इसलिए इंसान छलावा कर जाता है।।

चाहत मिल जाने की, मुकम्मल हुई।
वहम ने इंसान को जिंदा रखा।।

मिल गया सपने का डगर।

इस हैरत ने इंसान को बढ़ा रखा।।

जिस दिन इंसान जान पाएगा।
जो पाया जाए वो सब माटी है।।

दिखावे से भी दूर एक दुनिया।

उसमें अपनी हस्ती बाकी है।।

फिर लिखेगा वो दास्तां।
जो परे होगी दिखावे की दुनिया से।।

7. भूख भरी चीख

मंजर इन आँखों ने देखा,
गुब्बन इन आँखों से देखी।

भूख क्या होती है,
तड़पन पेट ने देखी।।

बिक गया है सब कुछ,

दो वक्त का खाना नसीब नहीं।
कहते हो काम ढूंढ लूँ?

काम पर रखने के लिए कोई तैयार नहीं।।

मजबूर इतना, हर काम करता हूँ,
घर का खर्च निकालने के लिए।

खुद को नीलाम करता हूँ,
फिर भी भूखे पेट सो जाता हूँ।।

दया की नजरों से देखा जाता है,

हर बार छोटा महसूस कराया जाता है।
जिंदा रहने के खातिर,

हर घुटन को बर्दाश्त करता हूँ।।

लड़ता कुछ इस कदर हूँ,
गरीबी में अपनों को खो बैठता हूँ।

फिर भी दो वक्त के खाने के खातिर,
ज़िंदा होने का प्रमाण दे बैठता हूँ।।

8. प्राकृतिक सौंदर्य

अद्भुत हैं नजारा,

पेड़, फूल, पशु, पक्षी।
नदी, झरना, एवं हरियाली,

मानो बात कर रहे हैं।।

हवा की महक,
सुगंधित कर रही है,

हर बाघ को।।

रिमझिम-रिमझिम बूँदें,
मौसम की करवटें,

मानो संदेशा भेज रही है।।

जैसे अनकही बातों का पिटारा,
गर्जना कर रहा है,

अपने होने के एहसास में।।

कोयल की मधुर धुन,
संगीत की लहर,

एकत्रित कर रही,
हर एक जीव को।।

प्राकृतिक नजारा,

मंत्र मुख कर रहा हो जैसे,
काल्पनिक स्वर्ग में,

साक्षात्कार हो रहा हो।।

कहाँ भीन है सभी,
प्राकृतिक नजारे से,

व्हाट्सलिया शाह लग रहा है,
हर कमल खिलता हुआ यहां।।

9. दर्द भरी मुस्कान

दिख जाए जो आँखों में,
तो दर्द की तड़पन कहा है।

एहसास रोता है?
जब कोई अपना खोता है।।

मुस्कान भरी झलक,

जानें कितने जख्म छुपा बैठी।
सन्नाटा छाया है,

जब कभी अपना रोया है।।

झुटा है कोई अपना,
झुटा है कोई सपना।

दर्द भरी आंखें,
कहती कोई नहीं है अपना।।

तसव्वुर किस बात पे,

मुक्सल जिंदगी में।
गम छुपाकर,

खुशी बांटते है।।

आईने में अपने,
दर्द को न देखकर।

दर्द मिटाने की,
दवा बन बैठे हैं।।

इतने हसीं लोग?

अपना दर्द भूल बैठते हैं।
और खुशियों में,

खुद को बिखेर बैठते है।।

ज़माना भी देख कर,
मुसकुराता होगा।

दर्द को भूलकर,
खुशियाँ बांटना होगा।।

वो लोग कितने?

खुशमिजाज होंगे।
जो खुद को मिटाकर,

मुस्कान बांटते होंगे।।

10. सब्र और सहनशीलता

अच्छाई पर बुराई पर,

सही पर गलत पर,
सब्र का बांध बांधे रखा,

और अपनों को समझने में रहे।।

समझे कुछ इस कदर,
ना समझ ही बने रहे,

जिन्होंने कमजोर समझ लिया,
उन्हें नासमझी में ही रहने दिया।।

ठुकराया गया,

जलील किया गया,
चोट दी गई, हौसले टूटे,

अपने झूठे सपने रूठे,
सब्र बरकरार रहा।।

मंजर कितना खास होगा,

सपनों की उड़ान में जान होगा,
हौसलों में कुछ तो मान होगा,

तब जाकर इंसान सहनशील होगा।।

इम्तिहान लेती जिंदगी,
करवट बदल लेती है।

सब्र बांधे रखने पर।
मुस्कान की छांव छोड़ देती है।।

11. अनकहा बंधनः दोस्ती

वह जो हम पहली दफा मिले,

फिर बारंबार मिले,
ऐसा लगा जैसे हम खुद से ही मिले,

जैसे दिलों में बसे रहे हम।।

दामन न पकड़ो ऐसे,
छूटेगा नहीं हमसे,

दीदार हैं हमें अपनी दोस्ती पर,
साथ नहीं छूटेगा हमसे।।

पूछते हो नाता हमसे?

खुद से ज्यादा मानते हैं दोस्ती को,
क्या तवज्जू तुम भी इतनी कर पाओगे?

क्या दोस्ती में तुम भी मुझे अपने बराबर कर पाओगे।।

यह एक तरफा ही रह जाएगी हमारी दोस्ती,
यह समझ कर भी हम जुदा हो जाएंगे,

यह दोस्ती को समझ पाना ही हास्य है,
या मेरी इतनी उम्मीद कर जाना ही जुदाई हैं।।

फिर कभी दूर हुए तो याद आओगे,

लम्हों में बीते पल में साथ पाओगे,
ख्वाहिश में रहकर ख्वाहिश हो जाओगे,

फिर भी दिल में घर बना जाओगे।।

12. इंसानियत की अदृश्य दीवारें

क्यों नहीं मुझे इंसान कहते हो?

क्यों भिन्न समझते हो?

फासले बढ़ाकर, इतनी दूरी,
फिर खुद को इंसान कैसे कहते हो?

छुआछूत की दीवारें खड़ी करते हो,

अमीर-गरीब का फर्क जताते हो,

फिर भी खुद को इंसान कहते हो,
मुझे छोटी जाति का कैसे समझ लेते हो?

जिसने बनाया, वह तो फर्क भूल गया,

पर इंसान, कभी शिक्षा से,

कभी धर्म के नाम पर,

तो कभी जाति के भ्रम में,

खुद ही उलझा रह गया।।

कहते हो मेरे छूने से,

धर्मभ्रष्ट हो जाता है,

पर बताओ, कौन सा धर्म,
यह भेदभाव सिखाता है?

देश तो आज़ाद हो गया,

पर क्या मन आज़ाद हुआ?

जो मानसिक गुलामी को जकड़े हुए हो,
तो इंसान कब आज़ाद हुआ?

क्या ये दशा यूँ ही,

काल्पनिक बनकर रह जाएगी?

या कोई नई शुरुआत,
सच में बदलाव ले आएगी?

13. मुस्कान भरी दास्तां

खिलखिला उठता है,

वह हर दामन,

जो आज़ाद है ख्यालों में,

और अपने मिजाज़ में।।

खिलखिलाहट भरी नजरें,

चमक छोड़ जाती हैं चेहरे पर,

जैसे कुछ सवाल पूछती हों,

और मुस्कान में जवाब दे जाती हों।।

जैसे अनकही बातों में छिपी हो मुस्कान,

जैसे दस्तक खुद दरवाजा पूछ रही हो,

कहीं तो चलना है, कहीं तो रुकना है,

ये कौन सी आवाज़, मुस्कान भरी है।।

निखर जाती है खामोशी में,

गुम रहती है दर्दों में,

शहर कर जाती है हौसलों में,

ये दस्तक मुस्कान भरी कैसी है।।

सूरज की किरण, हौसलों का शहर,

आंखों में मुस्कान भर जाती है,

पूछूंगी, मिलूँगी, बताऊंगी,

अनकही बातों से मुस्कान छोड़ जाऊंगी।।

14. ब्रह्मांड से बातें

दौर इन आँखों ने देखा।
जब सबने हाथ छुड़ाया था।

थामा उसने हाथ, जिसने ब्रह्माण्ड रचाया था।।

मैं खो गई तो मुझे जगाया, भट्टकी तो रास्ता दिखाया।

मैं हारने लगी तो मुझमें हौसला बढ़ाया।
कुछ इस कदर ब्रह्मांड ने मुझे अपना बनाया।।

किलकारी भरी आंखों में, सपने बड़े गहरे रहे।

खो चुकी थी मैं अपना सब कुछ।
उस समय ब्रह्माण्ड ने अपना अस्तित्व जताया।।

नहीं बता पाऊंगी, नहीं जता पाऊंगी।
क्या हो खुदा आप मेरे लिए, मुसीबत में मिलते हो?

और हर दफा, एहसास युगों का कराते हो।।

ये रिश्ता अभी कितना निराला।

जहाँ कोई साथ नहीं रहता।
वहाँ ब्रह्मांड का साथ प्यारा है।।

टिमटिमाती नजरें आकाश की ओर।

जैसे चाँद सितारे संदेशा भेज रहे।

मीलों दूर का संदेशा पढ़, मुस्कराती हूँ।।

वार्तालाप में अपने किस्से सुनाती हूँ।
सुनकर किस्से मेरे, गगन भी झूम उठता होगा।

क्या ये रिश्ता अनंत सा हे, मैं और मेरा ब्रह्मांड।।

15. प्रेम: जादुई और चमत्कारी

एहसास दिलों का मिलना।
ख्वाब एकत्रित कर जाना।

लम्हों में जी जाना।
जैसे आईना हो जाना।।

मिलो तो ऐसे मिलो।
मुस्कराओ तो ऐसे मुस्कराओ।

खिल उठे हर दामन।
सजदा हो जाए खुदा संग।।

सुगंधित करना हर बाघ को।

महक उठे हर गगन।

ऋतुओं से बात हो।
चाँद भी देख मुसकुरा बैठे।।

काटो संग दोस्ती निभाना।

मुस्कान को अपना घर बनाना।

भक्ति में लीन होकर।
अपने हर कर्म को पावन कर जाना।।

नैनों में बसाकर, फूल हो जाना।

सुगंधित होकर याद आना।

चंचल हो जाए हर मन।
इतना पावन खुद को कर जाना।।

समर्पित होकर, अपनत्व जताना।

युगों-युगों तक प्रेम बताना।
इतना निर्मल खुद को करना।

प्रेम में परिभाषित हो जाना।।

16. अधूरे सपने

मंजिल न मिले तो सपने रुसवा लगेंगे,

ख्वाइश छुट्टी तो हर मुकाम अधूरा रहेगा।

कुछ सपने के मर जाने पर,
हौसले नहीं दफन होते।।

जिंदा दिली एक जवाब है,

हार के बाद का एक नया रास्ता है।

जो जिंदा रखता है अधूरे सपनों को,
सहेजता है ख्वाहिशों को।।

ख्वाब ने खुद को जकोड़ा होगा,

शायद, खुद को ही जिंदा किया होगा।

सपने अधूरे हैं इस बात ने बड़ा सताया होगा,
और नाउम्मीद ने हौसला बढ़ाया होगा।।

कुछ सपनों का अधूरा होना अच्छा होता है,

चोट का गहरा होना अच्छा होता है।

हर मुकाम पर मुकाम का ना होना अच्छा होता है,
कुछ ख्वाहिशों का अधूरा होना अच्छा होता है।।

कुछ कहानी तो होनी चाहिए हार की,

कुछ कोशिश तो होनी चाहिए सच्चाई की।

हर मुकाम पर हार जीत नहीं होता,
कुछ सपनों का अधूरा होना अच्छा होता है।।

17. नारी सशक्तिकरण

इतिहास का खिताब हूँ,

बिखरे पन्नों सा सैलाब हूँ,
ज्वाला सा मुझको पाओगे,

अनंतकाल तक मुझसे ही रचे जाओगे..

मैं आदि हूँ, मैं अंत हूँ,
शक्तिकरण की आधार हूँ,

मैं ही देवी, मैं ही दुर्गा,
पूजन का आधार हूँ,

मैं ही काली, मैं ही चंडी,
विनशाये का विलाप हूँ..

श्रृजन की निर्माता हूँ,

जननी मुझे पुकारा जाता,
ममता सा आंचल मेरा,

प्यार दुलार घर मेरा..

कम न आंकना, मैं नारी हूं,
सब पे भारी हूं,

लगेगा चूड़ियां हाथों में,
तलवार मैंने पकड़ी है,

ना छेड़ना कभी,
भस्म करूंगी उन आंखों को..

मैं ही सीता, मैं ही राधा,

मैं हूँ लक्ष्मीबाई, मैं आज की नारी हूँ,
मैं ही आधार, मैं ही विनाश काल,

मैं सशक्तिकरण की आधार हूँ..

18. जीवन के रंग

खुशमिजाज सा, हौसलों सा,

हर रंग में है महक।

कभी खुशी कभी दर्द ,

भरी जिंदगी में है महक।।

दवा सा लगा, हवा सा लगा।

मौसम का हर करवट,

हौसलों सा लगा।।

देखा दामन अपनों का,

देखा आंचल गैरों का,

मंद मंद मुस्काया,

जीवन ने ये बताया।

कर्म से रचाया,

इम्तिहान को गले लगाया।।

हर रंग ने ये सिखाया,

हौसलों ने ये जताया।

मुस्कान में है जो बात,

है वो उड़ान जीवन के हर रंग में। ।

19. झोला खाली है और खाली ही रहेगा

ज़िंदगी की हजूरी जिंदगी ने बताई,

अपनों की कहानी ने अपनी ही जिंदगी बताई,

मशरूफ रहते हैं यहाँ सभी अपने,

ओर अपनों की बातों ने ही ज़िंदादिली बताई..

जब भी उससे पूछा जाता क्या है तुम्हारे पास,

वो कहती झोला खाली है और खाली ही रहेगा,

उसकी ये बातें कभी समझ न आती है..

इंसान अपना सब कुछ गंवा बैठता है,

बस अपने ईमान को कभी नहीं छोड़ता,

लोग पूछते क्या कमाया तुमने,

इंसान निःशब्द होकर मुस्करा जाता है..

भले ही मेरी सवारी पर सवार ना होना,

किंतु मेरी सवारी को रोकना मत,

क्या-क्या खोती जा रही हूं मैं इस बात की गवाही मत देना,

क्योंकि इस बात का आकलन में नहीं करती..

झोला खाली है और खाली ही रहेगा..

लफ्ज़ों के माइनों को आकार दे देंगे,

हम खुद को सच्चाई के नाम कर देंगे,

यदि पूछोगे हमसे हमारी वफादारी,

तो जिंदगी को हम सच्चाई के नाम लिख देंगे..

दो मंजर के जमाने की है जिंदगी,

सच्चाई के आकलन पर टिकी है जिंदगी,

क्या है जो हम पा लेंगे,

क्या है जो हम खो देंगे..

आखिर में यही कहूंगी,

झोला खाली है और खाली ही रहेगा..

20. सत्य की राह

आँखों को भाता है।

ये कैसा नशा है?

सरगम सही की और बढ़ाता है।
जो रास्ता सत्य की ओर ले जाता है।

कभी मिलूँगी तो बताऊंगी।

पूछूंगी, समझाऊंगी।

कितनी मुश्किलों से जकड़ा है?
जो रास्ता सत्य का है।

किंतु परंतु से परे।

पाने और खोने से परे।

क्या यह रास्ता सत्य से भुना है?
यह सही ने जकड़ा है।

देखा होगा उन आँखों ने।

झूठ की मोहर ने।

सीने को चीरा होगा।
तब सत्य ने कदम रखा होगा।

ना मीठा सा लगा।

ना यकीन फरमाया अपनों ने।

चुबा कुछ इस कदर।
झूठों की महफिलों में।

खड़ा रहा सच अपने दामन में।

मुस्कुराते हुए, लड़ते हुए।

अपनी हस्ती को जिंदा रखते हुए।
महक छोड़ गया अपने सही होने पे।

नजारा सत्य का देखकर।

खिलखिला उठी वो हर महफ़िल।

अपने वजूद व सत्य पे।
जो मन पे छाँव बना जाती है।

21. प्रार्थना खुदा से सादगी की

ए खुदा, तू ले लेना मेरा सब कुछ,

हिफाजत मेरी सादगी की करना।।

चाहते नहीं है मुझे कुछ पाने की,

राह मेरी सच्ची रहे उस की मौहर तु लगा देना।।

हार जाऊं मैं बारंबार,

कोशिश से ना में हार मानूं ऐसी राह मुझे देना।।

भूल जाऊं मैं खुदा तुझे,

तो माफी मुझको दे देना।।

यह जीवन समर्पण कर दूं अच्छाई में,

नेकी का रास्ता तू दिखा देना।।

कर्म की गाथा में रहूँ,

हौसले में ऊर्जा तू भर देना।।

हिफाजत तू मेरे सच्चे होने की करना,

वरना दफन तू मुझे कर देना।।

ए खुदा, तू ले लेना मेरा सब कुछ,

हिफाजत मेरी सादगी की करना।।

www.ingramcontent.com/pod-product-compliance
Lightning Source LLC
La Vergne TN
LVHW050817051026
849532LV00008B/3005